KB035194

레전드
스페인어
여행툰

Language Books

레전드
스페인어 **여행툰**

초판 1쇄 발행 2018년 8월 20일
초판 1쇄 인쇄 2018년 8월 10일

지은이   강다혜 · Verónica López Medina
그림   서정임
기획   김은경
편집   이지영
디자인   IndigoBlue
성우   Verónica López Medina · Alejandro Sánchez Sanabria
녹음   브릿지코드

발행인   조경아
발행처   **랭**귀지**북**스
주소   서울시 마포구 포은로2나길 31 벨라비스타 208호
전화   02.406.0047
팩스   02.406.0042
홈페이지 www.languagebooks.co.kr
이메일   languagebooks@hanmail.net
등록번호 101-90-85278 **등록일자** 2008년 7월 10일

ISBN   979-11-5635-085-9 (13770)
값   15,000원

이 도서의 국립중앙도서관 출판예정도서목록(CIP)은 서지정보유통지원시스템 홈페이지(http://seoji.nl.go.kr)와
국가자료공동목록시스템(http://www.nl.go.kr/kolisnet)에서 이용하실 수 있습니다.(CIP제어번호: CIP2018022171)

¡Hola! 안녕하세요!

여행 떠나고 싶은 분들 많으시죠? 특히, 요즘은 해외에서 한 달 살기가 유행인데요. 스페인은 한 달도 아쉬운, 아주 매력적인 나라입니다. 따뜻하고 맑은 날씨, 열정 넘치는 축제들, 시에스타를 즐기는 여유로운 일상, 다양한 역사와 문화가 있는 아름다운 도시들... 스페인으로 떠날 이유가 충분합니다. 그렇다면 스페인에서 한 달 살기에 필요한 여행·생활 스페인어는 어떻게 할 수 있을까요? 그 방법은 생각보다 재미있고 간단합니다.

! 첫째. 입 밖으로 말을 내뱉자!

스페인어를 말할 때 조금 느려도, 유창하지 않아도, 심지어 조금 정확하지 않아도 문제가 되지 않아요. 외국어를 배우는 이유는 바로 소통이고, 소통을 위해서는 우선 입 밖으로 말을 내뱉어야 합니다. 차근차근 한 단어씩 말하다 보면, 상대방과 의사소통이 생각보다 쉬워진답니다.

!! 둘째. 스페인 문화를 느끼자!

언어에는 그 나라의 문화가 가득 담겨있어요. 스페인어 속에 녹아 있는 그 문화를 온몸으로 느껴보는 것만큼 쉽게 스페인어와 가까워지는 방법도 없습니다. 하루하루 스페인을 알아 가면, 어느 날 자연스럽게 현지인처럼 감탄사를 내뱉는 자신을 발견할 수 있습니다.

!!! 셋째. 다양한 상황을 가정하자!

우리는 매일매일 다른 일상을 살아가요. 날마다 자기소개만 하지 않는 것처럼 스페인어도 다양한 상황에서 말을 해야 합니다. 책 속에 나와 있는 쇼핑, 공연 관람, 저녁 초대 등 여러 상황을 미리 가상 체험하면서 그때 사용하는 스페인어를 직접 이야기해 봅니다.

이 책은 재미있고 간단한 이 세 가지 방법을 더 쉽게 알려 줍니다. 여러분이 책을 한 장씩 넘길 때마다 '나도 주인공 Elena처럼 스페인에서 한 달 살겠는데!'라는 자신감을 얻고, 실생활에서 활용하여 많은 도움이 되길 바랍니다.

이 책이 나오기까지 격려와 힘이 되어 준 가족, 그리고 출판사에 감사의 말을 전합니다.

강다혜

도도한 **Elena**, 유쾌한 **Raúl**.
그들이 스페인 마드리드, 바르셀로나로 여행을 떠났다!

두 주인공의 실수 연발, 좌충우돌 스토리를 따라 함께 여행하면서,
자연스럽게 스페인어 회화를 내 것으로 만듭니다.

1

여행 스토리가 있는 카툰

예약부터 시작해 여행 하나하나
모든 것을 직접 해야 하는 자유 여행,
이 모든 스토리가 있는
재미있는 스페인어 카툰입니다.
주인공들이 겪는 상황으로
실전 회화를 훈련합니다.

2

바로 보는 한글 발음 & 해석

누구나 스페인어를 보고,
바로 읽을 수 있도록
한글 발음을 표기하였습니다.
한글 해석도 그림 하단에 바로 있어,
한 페이지 안에서 편리하게
읽고 말하기 연습이 가능합니다.

완전 친절한 문법 Tip

문법을 알면
회화를 확장할 수 있습니다.
그래서 문법 설명이 필요한 부분에
필수 내용만을 팁으로 소개합니다.
이제 어렵고 까다로운 문법도
쉽고 재미있게 공부합니다.

직접 경험한 여행 Tip

저자가 직접 스페인에서 생활하고
여행하면서 느낀 진짜 필요한
스페인 정보를 소개합니다.
현지에서 당황하지 않고,
그들의 문화를 이해하는 데
도움이 되는 정보를 담았습니다.

리얼 원어민 발음 MP3

원어민 전문 성우가
정확한 발음으로 녹음한 MP3를
자주 듣고 따라 하며
말하기 실력을 높입니다.
이 책의 표현만 100% 구사할 수 있다면
원어민과 대화도 문제없습니다.

Free MP3 Download
blog.naver.com/languagebook

콜롬북스
앱을 통한
MP3 서비스

콜롬북스 앱을 통해
스마트폰으로 직접
다운로드하여 학습하세요.

PARTE 1

마드리드
MADRID

PARTE II

바르셀로나
BARCELONA

마드리드

MADRID

▼

여행 스페인어
여행은 직접 해보는 거야!

입국 심사, 숙소 체크인,
음식점 예약, 심카드 구입,
관광지 찾아가기, 대중교통 이용 등

이 모든 것을 직접 해보며 배우는
리얼 스페인어 여행 회화!

공항

E: 스페인 도착! 완벽해!

R: 그래? 내 비행기는 연착했는데. /
(E: 이상한 사람이네!)
R: 안녕! 나는 라울. 너는 이름이 뭐야? /
E: 내 차례다. 즐거운 여행!

스페인어 Tip

스페인어 의문문과 감탄문은, 앞뒤로 물음표와
느낌표를 씁니다. 이때 문장 시작에 쓰는 부호는
그 모양을 위아래 거꾸로 합니다.

En Inmigración 엔 임미그라씨온

입국 심사

I: 방문 목적이 무엇입니까? / **E:** 휴가 왔어요.
I: 얼마나 머물 겁니까? / **E:** 한 달이요.
I: 귀국 티켓이 있으십니까? / **E:** 네, 있어요.

스페인어는 장소 명사 다음에 그 장소의
이름을 말합니다.
· Hotel(장소)+Amanti(이름) : 아만티 호텔
· Café La Campana : 라 캄파나 카페

I: 일행이 있나요? / E: 아니요, 혼자예요.
I: 어디서 머무나요? / E: 레전드 호스텔이요.

I: 비행은 어땠나요? /
R: 최악이요. 첫 비행기가 30분이나 연착됐어요. 두 번째도 15분이나 기다리고...

15

¿Cuál es el motivo de su visita?
꾸알 에쓰 엘 모띠보 데 쑤 비씨따?

Turismo.
뚜리스모

Vacaciones.
바까씨오네쓰

Visitar a mi amigo.
비시따르 아 미 아미고

Viaje de negocios.
비아헤 데 네고씨오쓰

Trabajo.
뜨라바호

[입국 심사에서 유용한 표현]
I: 방문 목적이 무엇입니까?
V: 여행이요. / 휴가 왔어요. /
   친구 만나러 왔어요. / 출장이요. /
   일하러 왔어요.

스페인어 Tip

전치사 por, de, para로, 이유를 말할 때는
'estoy aquí'를 그 앞에 씁니다.
- Estoy aquí **por** turismo.
- Estoy aquí **de** vacaciones.
- Estoy aquí **para** visitar a mi amigo.
- Estoy aquí **por** viaje de negocios.
- Estoy aquí **por** trabajo.

¿Cuánto tiempo va a quedarse en España?
꾸안또 띠엠뽀 바 아 께다르세 엔 에스빠냐?

Voy a quedarme 10 días.
보이 아 께다르메 디에쓰 디아쓰

Voy a quedarme un mes.
보이 아 께다르메 운 메쓰

Voy a quedarme 6 meses. Tengo visado.
보이 아 께다르메 쎄이쓰 메세쓰. 뗑고 비사도

¿En qué trabaja usted?
엔 께 뜨라바하 우스뗃?

Soy abogada.
쏘이 아보가다

Soy profesor.
쏘이 쁘로페소르

Soy cocinera.
쏘이 꼬씨네라

Soy enfermero.
쏘이 엔페르메로

Soy periodista.
쏘이 뻬리오디스따

I: 스페인에 얼마나 머무시나요?
V: 10일이요. / 한 달이요. / 여섯 달이요. 비자 있어요.
I: 당신은 무슨 일을 하시나요?
V: 변호사입니다. / 교수입니다. / 요리사입니다. / 간호사입니다. / 기자입니다.

스페인어 Tip

스페인어의 명사와 형용사는 남성형과 여성형이 있습니다. 그래서 상황과 대상에게 맞게 써야 합니다. 예를 들어, 말하는 사람이 여자이며 자신에 대해 말한다면 여성형을 씁니다.

17

[여행 준비물]

Pasaporte
빠사뽀르떼
여권

PASSPORT

Fotocopia del pasaporte
포또꼬삐아 델 빠사뽀르떼
여권 사본

Tarjeta de crédito
따르헤따 데 끄레디또
국제 신용카드

Carnet de conducir internacional
까르넷 데 꼰두씨르 인떼르나씨오날
국제운전면허증

INTERNATIONAL DRIVING PERMIT

Efectivo 에펙띠보
현금

Cargador
까르가도르
충전기

Gafas de sol
가파스 데 쏠
선글라스

발렌시아 공항

여행 Tip

한국에서 스페인 마드리드, 바르셀로나를 가는 직항이 있습니다. 다른 도시를 경유하는 티켓은 상대적으로 저렴하지만, 공항 수속 시 환승 방법, 수화물 연결 등을 승무원에게 확인해야 합니다.

마드리드 공항

세관 신고

A: 신고할 거 있나요? / **E:** 아니요, 없어요.
E: 여기 세관 신고서요.

Despegaremos en breve.
Abróchense el cinturón de
seguridad.
데스뻬가레모쓰 엔 브레베.
아브로첸세 엘 씬뚜론 데 쎄구리닫

Por favor, permanezcan en su
asiento hasta que el avión se
haya detenido por completo.
뽀르 파보르, 뻬르마네쓰깐 엔 쑤
아시엔또 아스따 께 엘 아비온 쎄 아야
데떼니도 뽀르 꼼쁠레또

No olviden recoger todas sus
pertenencias al salir del avión.
노 올비덴 레꼬헤르 또다쓰 쑤쓰
뻬르떼넨씨아쓰 알 쌀리르 델 아비온

기내 안내 방송
P: 잠시 후에 이륙합니다. 안전벨트를 하세요.
P: 비행기가 완전히 멈출 때까지 좌석에서 기다리세요.
P: 두고 내리는 짐이 없는지 확인하세요.

A: 마실 것 드릴까요? / P: 물 주세요.
A: 고기 또는 생선 중 무엇으로 드시겠어요? /
P: 고기요.

스페인어 Tip

커피(un café), 오렌지주스(zumo de
naranja), 콜라(cola)도 주문해 보세요!

23

En la Oficina de Información 엔 라 오피씨나 데 인포르마씨온

인포메이션 센터

E: 도심 기차는 어디서 타나요? / **O:** 터미널 4로 가세요.
O: 여기는 터미널 2라, 셔틀버스를 타야 해요.

E: 얼마예요? / O: 무료입니다.
E: 좋네요! 감사합니다. / O: 천만에요.
E: 여기가 정류장이다!

렌페(기차)역

E: 아토차역 가는 표 한 장이요. / O: 왕복인가요?
E: 편도요. 얼마예요? / O: 2.6유로입니다.
E: 여기서 얼마나 걸려요? / O: 약 30분이요.

스페인어 Tip

스페인어에서 소수점 표시는 콤마,
천자리 구분은 마침표를 씁니다.

공항버스

R: 안녕하세요, 시벨레스 광장은 어떻게 가나요? /
C1: 가장 쉽게는 공항버스를 타는 거예요. / C2: 203번이에요.

R: 얼마나 걸려요? / C1: 35분 정도요.
R: 다음 버스는 언제 와요? / C2: 15~20분마다 와요.

R: 표는 어디서 사요? / C1: 버스 안에서요.
R: 좋네요, 감사합니다.

마드리드 공항버스는 203번 도심 버스입니다.
아토차역에서 마드리드 공항까지 40분 정도
걸립니다. 365일 24시간 운행합니다.

R: 표가 얼마예요? / C: 5유로입니다.
R: 와 좋다! 짐 두는 공간도 있네.

마드리드 렌페

아토차역은 마드리드에서 가장 큰
기차역입니다. 바르셀로나, 세비야 같은
대도시와 근교를 가는 열차가 다닙니다.

아토차역

Buenas tardes.
부에나쓰 따르데쓰

Buenas. ¿Puedo hacer el *check in* ahora?
부에나쓰. ¿뿌에도 아쎄르 엘 체끄 인 아오라?

Claro. ¿Tiene hecha una reserva?
끌라로. 띠에네 에차 우나 레세르바?

Sí.
씨

호스텔

H: 안녕하세요. / E: 안녕하세요. 지금 체크인 가능한가요?
H: 물론입니다. 예약은 했나요? / E: 네.

질문 내용에 따라 'sí(예)', 'no(아니요)'로
대답할 때, sí는 꼭 강세를 표기해야 합니다.
아니면 '만약'이라는 접속사가 됩니다.

H: 여권 좀 보여줄래요? / E: 네. 여기요.
H: 도미토리 5박 예약하셨네요.

H: 301호입니다. 여기는 로비이고,
   2층에서 아침을 먹습니다. / E: 네.
H: 엘리베이터로 올라가면 돼요.

여행 Tip

스페인 건물은 0층부터 시작합니다.
그래서 스페인 1층은 한국의 2층에 해당합니다.

34

E: 체크아웃이 몇 시까지죠? / H: 아침 11시까지요.
H: 마드리드 지도 필요하세요? / E: 네, 주세요.
H: 궁금한 점 있으면, 언제든 여기로 오세요. / E: 정말 감사합니다!

E: 왜 문이 안 열리지? / C: 직접 문을 열어야 해요.

C: 올라가려면 닫아야 해요. /
E: 신기하다!

여행 Tip

스페인 엘리베이터 대부분이 이중문입니다. 직접 첫번째
수동문을 열면 안쪽에 자동문이 있고, 탑승 후 수동문을
닫으면 자동문이 닫히면서 엘리베이터가 움직입니다.

En el Hotel 엔 엘 오뗄

호텔

H: 무엇을 도와 드릴까요? / R: 오늘 밤에 묵을 빈 방 있나요?

H: 죄송한데, 예약이 찼습니다. / R: 헉!
H: 잠시만요! 취소가 하나 생겼네요. / R: 정말요? 나는 럭키 가이!

H: 며칠 머무세요? / R: 5일이요.
R: 1박에 얼마예요? / H: 1박 100유로에, 보증금 10유로입니다.

Más un cargo adicional de 1,10 euros por noche debido a la tasa turística.

마쓰 운 까르고 아디씨오날 데 우노 꼰 디에쓰 에우로쓰 뽀르 노체 데비도 아 라 따사 뚜리스띠까

¿Está incluido el desayuno?

에스따 인클루이도 엘 데사유노?

Sí, el desayuno es de 7 a 10 de la mañana.

씨, 엘 데사유노 에쓰 데 씨에떼 아 디에쓰 데 라 마냐나

Puede pagar con tarjeta o en efectivo.

뿌에데 빠가르 꼰 따르헤따 오 엔 에펙띠보

Pago con tarjeta.

빠고 꼰 따르헤따

H: 거기에 1박당 도시세 1.1유로가 추가됩니다.
R: 아침 포함인가요? /
H: 네, 아침 식사는 7~10시입니다.
H: 카드나 현금으로 지불할 수 있습니다. /
R: 신용카드로 할게요.

여행 Tip

스페인 카탈루냐주에 속한 바르셀로나 같은 도시는 숙박 1박당 도시세 (보통 1.1유로)를 추가로 청구합니다. 참고로 마드리드는 도시세가 없습니다.

[숙소에서 유용한 표현]
E: 체크아웃은 몇 시예요? / **H:** 11시까지입니다.
E: 수건 좀 주세요. / **H:** 방으로 가져다 드릴게요.

R: 조식 포함인가요? / H: 네, 아침은 7~10시입니다.
R: 조식은 어디서 먹나요? / H: 식당은 1층, 엘리베이터 옆에 있습니다.

안내 데스크

H: 바다와 도시 중 어느 전망 드려요? / **C:** 바다요.
H: 더블 침대 어떠세요? / **C:** 네, 좋아요.
H: 여권 주시겠어요? / **C:** 네, 여기요.

H: 필요한 것이 있으시면, 0번으로 전화하시거나 리셉션으로 오세요.
H: 열쇠 여기요. / H: 편안히 쉬세요.

[스페인 지도]

갈리시아 / 아스투리아스 / 칸타브리아 / 파이스 바스코 / 나바라 / 라 리오하 / 아라곤 /
카탈루냐 / 카스티야-레온 / 엑스트레마두라 / 카스티야 라 만차 / 마드리드 /
발렌시아 지방 / 안달루시아 / 무르시아 / 카나리아 제도 / 발레아레스 제도

프라도 미술관

E: 프라도 미술관!
E: 사람이 정말 많네.

여행 Tip

마드리드 3대 미술관은 프라도 미술관, 레이나 소피아 미술관, 티센-보르네미사 미술관입니다. 프라도 미술관은 월~토요일은 오후 6시부터, 일요일은 5시부터 무료입장입니다.

R: 실례합니다. 여긴 무슨 줄인가요? /
E: 입장권 사는 줄이에요.
R: 감사합니다.
   안녕! 나 라울이야. 나 기억해?

스페인어 Tip

'¿Me recuerdas?(나 기억해?)'와 같은 표현으로,
동사 'acordarse(기억하다)'를 이용해
'¿Te acuerdas?'라고 할 수도 있습니다.

E: 안녕, 반가워. / R: 난 여기 작품들 보러 왔어. 너도?
T: 다음 분. / E: 안녕.

매표소

E: 입장권 하나요. / **T:** 15유로입니다.
E: 학생이에요. 여기 학생증이요. / **T:** 그럼, 무료입니다.
T: 입장권입니다. / **E:** 감사합니다.

R: 입장권 하나요. 학생이에요. / T: 학생증 주시겠어요?
R: 없는데요. / T: 그럼, 할인을 못 해 드려요.
R: 아, 네. 티켓 얼마인가요? / T: 15유로입니다.

E: 사진 찍어도 되나요? / O: 아니요, 안돼요.
O: 플래시 터뜨리지 마세요.
O: 보안 검사를 위해 가방을 열어 주세요.

유럽은 유명한 장소의 실내를 들어갈 때
보안 검사를 합니다.

\<Las Meninas\>
Velázquez

\<El sueño de Jacob\>
Ribera

¡Estas son mis obras favoritas!
에스따쓰 쏜 미쓰 오브라쓰 파보리따쓰!

〈시녀들〉 벨라스케스 / 〈야곱의 꿈〉 리베라

E: 내가 좋아하는 작품들이다!

54

<La Maja desnuda>
Goya

<El caballero de la mano en el pecho>
El Greco

¡Están son las obras que conozco!
에스딴 쏜 라쓰 오브라쓰 께 꼬노쓰꼬!

〈옷 벗은 마하〉 고야 / 〈가슴에 손을 얹은 기사〉 엘 그레코

R: 내가 아는 작품들이다!

[**Expresiones útiles en la Taquilla** 엑쓰쁘레시오네쓰 우띨레쓰 엔 라 따끼야]

¿Para qué es esta cola?
빠라 께 에쓰 에스따 꼴라?

Para la entrada reservada por internet.
빠라 라 엔뜨라다 레세르바다 뿌르 인떼르넷

Para entrar los grupos.
빠라 엔뜨라르 로쓰 그루뽀쓰

Para comprar la entrada.
빠라 꼼쁘라르 라 엔뜨라다

¿Para cuántas personas?
빠라 꾸안따쓰 뻬르소나쓰?

Dos adultos.
도쓰 아둘또쓰

Una adulta y un niño.
우나 아둘따 이 운 니뇨

[매표소에서 유용한 표현]
E: 무슨 줄인가요?
V: 인터넷으로 예약한 줄이요. / 단체 입장하는 줄이요. / 표 사는 줄이요.
T: 몇 명인가요?
V: 성인 두 명이요. / 어른 한 명과 아이 한 명이요.

56

Museo

프라도 미술관
(세계 3대 미술관으로 꼽히는 곳)

레이나 소피아 미술관
(피카소의 〈게르니카〉를 볼 수 있는 곳)

Allí está la tienda de suvenires.
아지 에스따 라 띠엔다 데 쑤베니레쓰

TIENDA PRADO

¡Hola!
¿Qué vas a comprar?
올라! 께 바쓰 아 꼼쁘라르?

Postales e imanes.
뽀스딸레쓰 에 이마네쓰

기념품 가게
E: 저기 기념품 가게가 있네.
R: 안녕! 뭐 살 거야? / **E:** 엽서랑 자석.

58

E: 너는? / R: 구경 중이야.
R: 저녁에 뭐 할 거야? / E: 엄청 유명한 식당 '보띤'을 예약했어.

R: 보틴? 예약 다 차서 난 못 했는데. 같이 가도 될까? / E: 한 명으로 테이블 하나를 예약했는데.
E: 같이 가서 물어보자. / R: 고마워!

61

Reserva en el Restaurante 레세르바 엔 엘 레스따우란떼

[Un día antes 운 디아 안떼쓰]
[하루 전]

Tengo que comer 'cochinillo asado'.
뗑고 께 꼬메르 '꼬치니요 아사도'

¡Aquí está!
아끼 에스따!

Botín

Un restaurante de visita obligada.
Es uno de los restaurantes más antiguos del mundo.

El número es +34 913664217.
Página web : www.botin.es

보틴
꼭 가야 할 식당.
세계에서 가장 오래된 음식점.
번호는 +34 913664217.
홈페이지 : www.botin.es

레스토랑 예약

E: '꼬치니요 아사도'를 먹어야 하는데.
E: 여기 있다!

여행 Tip

스페인 전화번호 국가코드는 +34, 한국은 +82입니다.

62

E: 예약해야지.
C: 여보세요, 레스토랑 보틴입니다. / E: 내일 날짜로 한 명 예약하려고요.

¿Para qué hora?
빠라 께 오라?

Para las 8 de la noche.
빠라 라쓰 오초 데 라 노체

De acuerdo.
¿A nombre de quién?
데 아꾸에르도. 아 놈브레 데 끼엔?

Elena.
엘레나

Una mesa para una persona
mañana a las 8 de la noche.
¿Correcto?
우나 메사 빠라 우나 뻬르소나 마냐나
아 라쓰 오초 데 라 노체. 꼬렉또?

Sí. ¡Perfecto!
씨. 뻬르펙또!

Muchas gracias.
무차쓰 그라씨아쓰

C: 몇 시요? / E: 저녁 8시요.
C: 네. 성함이 어떻게 되세요? / E: 엘레나.
C: 내일 저녁 8시 한 분 예약됐습니다. 맞나요? /
E: 네. 맞아요!
C: 감사합니다.

스페인어 Tip

'Vale(알겠습니다)'는 격식 없는
친근한 사이에 씁니다. 레스토랑
직원처럼 손님에게 공손히 말할 때는
'De acuerdo'가 더 적절합니다.

R: 리셉션에 식당을 추천해 달라고 해야겠어.
R: 괜찮은 식당 좀 추천해 주실래요? / H: 어떤 식당을 원하세요?

R: '꼬치니요 아사도'를 하는 식당이요. / H: 그럼, '보띤'을 추천해요.
R: 좋네요! 예약을 해야 할까요? / H: 네, 인터넷으로 예약을 하면 돼요.

R: 감사합니다. 시도해 볼게요.
R: 보자, 내일 밤 8시...
R: 왜 버튼이 안 눌리지?

R: 아, 이미 예약이 다 찼네.
R: 잘 될 거야! 왠지 누군가와 내일 여기 갈 것 같아!

[스페인 전통 음식]

Cochinillo asado

Es la comida típica de la región de Castilla. Se trata de un plato de cerdo pequeño. Se elabora asando el lechón en el horno.

꼬치니요 아사도
카스티야 지방 음식입니다.
새끼 돼지 요리입니다.
오븐에 굽습니다.

Paella

Comida tradicional de Valencia cuyo principal ingrediente es el arroz. Se elabora friendo carne, mariscos y verduras.
A continuación se añade el arroz y el agua, y se deja cocer.

빠에야
발렌시아의 전통 쌀요리입니다.
고기, 해산물, 채소를 볶습니다.
그리고 계속해서 물과 쌀을 넣어
끓입니다.

Jamón

Son las patas traseras del cerdo saladas en crudo.

하몬
돼지 뒷다리를 통째로 절인
요리입니다.

Buenas noches. ¿Tienen reserva?
부에나쓰 노체쓰. 띠에넨 레세르바?

Sí. A nombre de Elena,
para una persona.
씨. 아 놈브레 데 엘레나, 빠라 우나 뻬르소나

¿Es posible añadir
una persona más?
에쓰 뽀시블레 아냐디르
우나 뻬르소나 마쓰?

Un
momento.
운 모멘또

Sí, pueden cenar juntos.
Pasen por aquí.
씨, 뿌에덴 쎄나르 훈또쓰. 빠쎈 뿌르 아끼

¡Que suerte tengo!
께 쑤에르떼 뗑고!

¡Yuju!

레스토랑

C: 어서 오세요. 예약하셨나요? /
E: 네, 엘레나로 한 명 했는데요.
E: 한 명 더 추가해도 될까요? / C: 잠시만요.
C: 네, 같이 되세요. 이쪽으로 오세요. / R: 럭키 가이!

여행 Tip

스페인 음식점에 가면, 입구에서
좌석 안내를 기다려야 합니다.
테이블이 준비되면, 웨이터가
손님을 자리로 안내합니다.

C: 마실 거 드릴까요? /
E: 네, 탄산수요. / R: 저는 그냥 물이요.

스페인 레스토랑에서 물은 무료가 아닙니다.
음료는 음식과 함께 주문하거나, 자리에 막
앉았을 때 식사보다 먼저 주문을 받습니다.

MENÚ ♉

ENTRANTES 전채

Pimientos asados con bacalao
구운 피망과 대구

Jamón ibérico de bellota •
도토리를 먹은 이베리코 하몽(등심)

Melón con jamón •
하몽과 멜론

Queso puro de oveja churra
양 치즈

Anchoas con pimientos
멸치와 피망

Morcilla de Burgos •
부르고스 순대

Croquetas de pollo y jamón
닭고기와 하몽 크로켓

Salmón ahumado
훈제연어

SOPAS 수프

Sopa al cuarto de hora (de pescados)
생선 수프

Sopa de ajo con huevo •
마늘계란 수프

ENSALADAS Y VERDURAS 샐러드 및 채소

Ensalada de lechuga y tomate
양상추와 토마토 샐러드

Ensalada Botín (con pollo y jamón) •
보틴 샐러드 (닭고기와 하몽)

Espárragos con mahonesa •
마요네즈를 곁들인 아스파라거스

Setas a la segoviana
세고비아 버섯

M E N Ú 🍴

PESCADOS Y MARISCOS 생선 및 해산물

Almejas
조개

Gambas al ajillo •————————————→
마늘과 새우

Gambas a la plancha
구운 새우

Cazuela de pescados
생선 스튜

Merluza al horno o frita •————→
대구구이 혹은 튀김

Calamares fritos •
오징어 튀김

CARNES 고기

Cochinillo asado ★ •
꼬치니요 아사도 (구운 새끼돼지고기)

½ Pollo asado
구운 닭고기 ½

Filete de ternera a la plancha
구운 소고기 스테이크

Entrecot de cebón a la plancha
구운 돼지 등심

BEBIDA 음료

Vino de la casa 하우스 와인

    rosado o blanco
     로즈 또는 화이트 와인

    tinto
     레드 와인

Sangría 상그리아

    sangría (½ Jarra) •
     상그리아 피처 (500㎖)

E: '꼬치니요 아사도'를 먹어야 해! / R: 여기 있다.
E: 상그리아 마시고 싶어. 너는? / R: 나도. 중간 크기 피처로 하나 시키자.

R: 웨이터 부를까? / E: 그래, 직원이 지나가기 기다렸다가 손을 들자.
R: 웨이터가 우리 가까이 지나간다!

C: 주문하시겠어요? / E: 꼬치니요 아사도 두 개요.
C: 음료는요? / E: 상그리아 중간 크기 피처로 주세요.
C: 더 필요하신 게 있나요? / E: 아니요, 이게 다예요.

R: 맛있어 보인다. / E: 사진 찍자!
E&R: 맛있게 먹어!
R: 맛있다! / E: 저녁은 혼자보다 같이 먹는 게 더 좋아.

계산서

C: 식사 끝났나요? / E: 네.
C: 후식을 드실 건가요? / E: 아뇨. 계산서 주세요. / C: 네.

BOTÍN

MESA: 11
테이블: 11번

UNID. 수량	DESCRIPCIÓN 품명	PRECIO 가격	IMPORTE 합계
2	Cochinillo asado 꼬치니요 아사도	24,8*2	49,6€
1/2	Jarra de sangría 상그리아		7,7€
TOTAL BASES 공급가 금액			57,3€
TOTAL IVA 부가세			5,73€
TOTAL SALDO 합계 금액			63,03€

¿Pagamos aquí, en la mesa?
빠가모쓰 아끼, 엔 라 메사?

Sí, luego el camarero recoge el dinero y devuelve el cambio.
씨, 루에고 엘 까마레로 레꼬헤 엘 디네로 이 데부엘베 엘 깜비오

R: 자리에서 계산하나? / E: 응, 그러면 웨이터가 돈을 가져갔다가 거스름돈을 돌려줘.

79

E: 각자 계산할까? / R: 그래. 팁을 줘야 하나?
E: 거스름돈 동전을 받으면 그거 주자.

스페인에서는 팁을 반드시
줄 필요가 없습니다.

80

Todavía no me ha traído mi pedido.
또다비아 노 메 아 뜨라이도 미 뻬디도

Esto no es lo que pedí.
에스또 노 에쓰 로 께 뻬디

¿Qué desean como acompañamiento de sus platos?
께 데세안 꼬모 아꼼빠냐미엔또 데 쑤쓰 쁠라또쓰?

¿Qué tenéis?
께 떼네이쓰?

Tenemos patatas fritas, arroz y ensalada.
떼네모쓰 빠따따쓰 프리따쓰, 아로쓰 이 엔살라다

[레스토랑에서 유용한 표현]
R: 음식이 안 나와요.
E: 주문한 음식이 아니에요.
A: 사이드 메뉴는 무엇으로 하시겠어요? / R: 뭐 있어요? / A: 감자튀김, 밥, 샐러드가 있어요.

¿Cuándo hiciste la reserva?
꾸안도 이씨스떼 라 레세르바?

Ayer, por teléfono.
아예르, 뽀르 뗄레포노

¿Puedes hacer llamadas aquí?
뿌에데쓰 아쎄르 야마다쓰 아끼?

Sí, tengo *roaming*, pero es caro.
씨, 뗑고 로밍, 뻬로 에쓰 까로

Voy a comprar una tarjeta SIM porque es más barata y cómoda.
보이 아 꼼쁘라르 우나 따르헤따 씸 뽀르께 에쓰 마쓰 바라따 이 꼬모다

Yo también quiero comprar una.
요 땀비엔 끼에로 꼼쁘라르 우나

Mmm...

로밍 & 심카드

R: 언제 예약했어? / E: 어제, 전화로.
R: 여기서 전화 쓸 수 있어? / E: 응, 로밍, 근데 비싸.
E: 심카드 사려고, 더 저렴하고 편해서. / R: 나도 하나 사야겠다.

R: 내일 같이 가도 되니? / E: 그래. 당연하지. / R: 좋았어!
E: 안녕, 솔 광장에서 내일 12시에 봐. / R: 좋아.

a Puerta del

솔 광장
(마드리드 사람들의 만남의 광장)

솔 광장 야경
(항상 사람이 붐비는 마드리드의 중심지)

En la Tienda de Telefonía Móvil 엔 라 띠엔다 데 뗄레포니아 모빌

통신사 매장

R: 안녕. 기분 어때? / E: 좋아. 가볼까!
R: 심카드는 어디에서 사? / E: 근처 매장에서 살 수 있어.

R: 심카드 사러 왔어요. / D: 기계에 이름 입력하고 순서 기다리세요.

D: 라울 씨.
R: 어떤 종류의 요금제가 있나요?
D: 데이터와 통화량에 따라 달라요.

¿Es para un mes?
에쓰 빠라 운 메쓰?

Sí, para 28 días. Después de un mes, debéis recargar.
씨, 빠라 베인띠오초 디아쓰.
데스뿌에쓰 데 운 메쓰, 데베이쓰 레까르가르

Prefiero *Mega Yuser*.
Es que necesito muchos datos.
쁘레피에로 메가 유세르.
에쓰 께 네쎄시또 무초쓰 다또쓰

Para mí la tarifa de 10€.
빠라 미 라 따리파 데 디에쓰 에우로쓰

E: 한 달짜리죠? / D: 네, 28일이요. 한 달 후에, 충전하면 돼요.
R: 난 메가 요금제. 데이터를 많이 써서. / E: 난 10유로 요금제.

D: 네, 여권 좀 보여 주시겠어요? / R&E: 여기요.
D: 여기 휴대전화 번호가 있어요. 요금 충전을 할 때 필요해요.

D: 그리고 이거는 PIN 번호예요. 폰을 켤 때 입력해야 하니까 기억하세요.

R: 이제 뭐 할 거야? / E: 왕궁 갈 거야. 넌?
R: 아직 잘 모르겠어. 그럼 안녕. / E: 안녕.

[Expresiones útiles en la Tienda de Telefonía Móvil

엑쓰쁘레시오네쓰 우띨레쓰 엔 라 띠엔다 데 뗄레포니아 모빌]

¿Cómo lo recargo?

꼬모 로 레까르고?

Venga aquí o recargue en el supermercado o el estanco.

벵가 아끼 오 레까르게 엔
엘 쑤뻬르메르까도 오 엘 에스딴꼬

¿Cómo sé cuántos datos me quedan?

꼬모 쎄 꾸안또쓰 다또쓰 메 께단?

Llame al *123# y pulse 1-2-1. Entonces, recibirá un mensaje con los datos restantes.

야메 알 아스떼리스꼬 우노 도쓰 뜨레쓰 알모아디야
이 뿔세 우노 도스 우노, 엔똔쎄쓰, 레씨비라 운
멘사헤 꼰 로쓰 다또쓰 레스딴떼쓰

[통신사 매장에서 유용한 표현]

E: 어떻게 충전해요? / D: 여기 매장이나 마트, 담배 가게에서 하면 돼요.

E: 데이터 잔여량은 어떻게 확인해요? /

D: *123#으로 전화해서 1-2-1번을 누르세요. 그러면, 잔여량을 문자로 보내줘요.

93

관광 안내소

R: 관광지 좀 추천해 주시겠어요? /

O: 안녕하세요. 솔 광장에서 시벨레스 광장, 마요르 광장으로 가 보세요.

94

O: 산미겔 시장도 추천해요.
R: 그렇다면, 여기서 가까운 마요르 광장으로 가야겠다.

Lugares Turísticos 루가레쓰 뚜리스띠꼬쓰

[El Palacio Real 엘 빨라씨오 레알]

관광지

[왕궁]

E: 정말 멋지다! 올 만하네.

여행 Tip

스페인에는 정치적 힘은 없지만, 아직 왕이 있습니다.
국왕이 현재 거주하는 왕궁에 방문하려면 입장권을
인터넷으로 사전 예약하세요.

[그란비아 거리]
E: 이 거리는 정말 넓고 도시적이다.

[레티로 공원]
E: 레티로 공원에서 쉬어야지. 도시 속에 이렇게 넓은 공원이 있다니!

[La Plaza Mayor 라 쁠라싸 마요르]

[마요르 광장]
R: 예쁘다.
R: 저기. 사진 한 장만 찍어 주실래요? /
M: 네. 김치~.

스페인어 Tip

사진 찍을 때, 한국에서 '김치'라고 하는 것처럼
스페인에서는 감자를 뜻하는 'patata'를 외칩니다.

[산미겔 시장]
R: 배고파, 시장에서 뭐 좀 먹어야지.
R: 현대적이다!

분실 사고
E: 직진해야 하네.
E: 왜 못 찾겠지? 폰으로 지도를 찾아봐야지.

E: 내 여권이 어디 있지?
E: 내가 어디에 있는지 여권도 어디 있는지 모르겠어.

E: 여권을 잃어버렸어! / E: 한국 대사관에 가야 해.
E: 어떻게 가는지 찾아보자. / E: 지하철이랑 버스도 타야 하네, 복잡해.

지하철 & 시내버스
E: 문을 직접 열어야 하네.
E: 나갈 때 티켓을 찍을 필요가 없네.

Pero...
¿Dónde está la salida?
뻬로... 돈데 에스따 라 쌀리다?

Perdón, ¿cuál es la salida para
ir a esta parada de autobús?
뻬르돈, 꾸알 에쓰 라 쌀리다 빠라 이르 아
에스따 빠라다 데 아우또부쓰?

Busca el nombre de la calle
por dónde debes salir.
부스까 엘 놈브레 데 라 까예 뽀르 돈데
데베쓰 쌀리르

E: 근데... 출구가 어디지?
E: 실례지만, 이 버스 정류장에 가려면 어느 출구로 나가요? /
C: 가야 하는 길 이름을 찾아 거기로 나가세요.

여행 Tip

스페인 지하철 출구는
우리나라처럼 번호가 아니라
길이름으로 표시되어 있습니다.

E: 실례지만, 70번 버스 정류장이 어디예요? / C: 길을 건너야 있어요.
C: 버스 앞에 써 있는 종착지를 확인하세요. / E: 친절하시다!

E: 어떻게 내리지? / P: 버튼을 누르세요.
E: 이번에 내리네요. 감사합니다.

[La Embajada de la República de Corea
en el Reino de España]
- Ubicación: Calle González Amigó 15, 28033, Madrid
- Horario: Lunes a viernes (09:00~14:00, 16:00~18:00)
- Contacto: +34-91-353-2000
- Contacto de emergencia: +34-648-924-695
- Correo electrónico: embspain.adm@mofa.go.kr

[대사관]
[주스페인 대한민국 대사관]
– 주소: González Amigó 15길, 28033, 마드리드
– 시간: 월~금(09:00~14:00, 16:00~18:00)
– 연락처: +34-91-353-2000
– 긴급연락처: +34-648-924-695
– 이메일: embspain.adm@mofa.go.kr

스페인어 Tip

여권 분실 시 대한민국 대사관에서
임시 여권을 신청해야 합니다.
13.5유로와 증명사진이 필요합니다.

PARTE II

바르셀로나

BARCELONA

▼

생활 스페인어
여행은 직접 살아보는 거야!

집 구하기, 마트 가기,
친구 사귀기, 축제 즐기기,
쇼핑하기, 약국 가기 등

이 모든 것을 직접 살면서 배우는
리얼 스페인어 생활 회화!

Coche Compartido (Blablacar) 꼬체 꼼빠르띠도 (블라블라까르)

카셰어링 (블라블라카)
E: 내일은 바르셀로나 가는 날. 블라블라카를 찾아봐야지. 기차보다 더 재미있을 것 같아.
E: 보자... 마드리드에서 바르셀로나까지 내일...

Duración: 3h 50m
소요 시간: 3시간 50분

Ordenar por
정렬 (시간/가격)

Izumi K
이주미 까
34 años
34살
Avanzado
숙련
4.8/5-5 opiniones
4.8/5 – 후기 5개

Mañana 01:00
내일 01:00시
Madrid → Barcelona
마드리드 → 바르셀로나
Madrid, España
Barcelona, España
마드리드, 스페인
바르셀로나, 스페인

19,00€
por plaza
1 plaza disponible
한 좌석에 19유로로
1좌석 이용 가능

Imad A
이맏 아
37 años
37살
Embajador
고급
4.4/5-58 opiniones
4.4/5 – 후기 58개

Mañana 04:20
내일 04:20시
Madrid → Barcelona
마드리드 → 바르셀로나
Concreta el punto de salida
con el conductor.
정확한 도착지는 운전자와
상의하세요.

25,00€
por plaza
3 plazas disponibles
한 좌석에 25유로로
3좌석 이용 가능

여행 Tip

블라블라카(Blablacar)는 장거리 카셰어링 커뮤니티입니다. 다른 교통보다 저렴하고 시간대가
다양하며, 운전자와 상의해 원하는 곳에서 탑승 및 하차도 가능합니다. (www.blablacar.es)

> Este hombre parece bueno y el precio no es muy caro.
> 에스떼 옴브레 빠레쎄 부에노 이 엘 쁘레씨오 노 에쓰 무이 까로

E: 이 사람이 괜찮아 보이고, 가격도 안 비싸네.

J: 엘레나? 안녕, 난 호르헤. / E: 안녕, 반가워.
P: 안녕, 난 파울라. 호르헤 친구.
  나도 바르셀로나에 가.
E: 좋아. 가자!

여행 Tip

'쪽' 소리를 내며 양 볼에 뽀뽀를 하는
'dos besos'는 스페인 인사입니다.
남자와 여자, 여자들 사이에 통용되며
남자끼리는 서로 어깨를 두드리거나
악수하는 정도로 인사합니다.

J: 바르셀로나에는 왜 가는 거야? / E: 스페인 여행 중이야. 바르셀로나에서 약 3주 정도 지내려고.
P: 멋지다! / E: 그럼 너희는, 왜 가는 거야?

> Voy para ver a mis padres.
> Soy de Barcelona.
> 보이 빠라 베르 아 미쓰 빠드레쓰.
> 쏘이 데 바르쎌로나

> Voy porque tengo una entrevista.
> 보이 뽀르께 뗑고 우나 엔뜨레비스따

J: 부모님 뵈러. 바르셀로나 출신이라.
P: 난 면접이 있어.

기차

R: 바르셀로나로 12시에 출발하는 기차. 좋아어, 4번 승강장.
R: 여기 있다!

P: 실례합니다. 당신 좌석이 어떤 거예요? / R: 4A요.
P: 제 자리는 4B이고요, B는 복도 자리인데요. / R: 아, 죄송해요. / P: 괜찮아요.

E: 면접 파이팅! 가족들과 좋은 시간 보내고!
J&P: 고마워.

R: 바르셀로나 도착!

En un Piso Compartido 엔 운 삐소 꼼빠르띠도

셰어하우스

E: 새집이 궁금하네. 26번... 여기다!
P: 누구세요? / E: 엘레나입니다. 오늘 이사 오기로 했어요.
P: 들어와요. 4층이에요.

스페인어 Tip

cuarta의 표기는 4ª입니다.

120

Hola, soy Pepa.
올라, 쏘이 뻬빠

Hola.
올라

Voy a enseñarte
tu habitación.
보이 아 엔세냐르떼 뚜
아비따씨온

Tienes cama de matrimonio,
armario, escritorio, aire
acondicionado y calefacción.
띠에네쓰 까마 데 마뜨리모니오,
아르마리오, 에스끄리또리오,
아이레 아꼰디씨오나도 이 깔레팍씨온

P: 안녕하세요. 페파예요. / **E:** 안녕하세요.
P: 머물 방을 보여 줄게요.
P: 더블 침대, 장, 책상, 에어컨, 난방기구가 있어요.

Y estas son las zonas comunes. En la cocina hay lavadora, microondas y nevera.

이 에스따쓰 쏜 라쓰 쏘나쓰 꼬무네쓰.
엔 라 꼬씨나 아이 라바도라, 미끄로온다쓰 이 네베라

P: 그리고 공용 공간이에요. 주방에 세탁기, 전자레인지, 냉장고가 있어요.

Aquí está el baño completo y al lado del salón hay un aseo.

아끼 에스따 엘 바뇨 꼼쁠레또 이
알 라도 델 쌀론 아이 운 아세오

En el salón hay sofá, mesa y televisión.

엔 엘 쌀론 아이 쏘파, 메사 이 뗄레비시온

P: 여기에 화장실, 거실 옆에 간이 화장실이 있어요.
P: 거실에는 소파, 탁자와 텔레비전이 있어요.

룸메이트
E: 같이 사는 사람들은 누구예요? / **P:** 두 명 있어요.
P: 한 명은 대학생, 다른 한 명은 일해요.

P: 롤라, 잘 지냈니? 새 룸메이트야. / L: 안녕, 난 롤라. 이름이 뭐야? / E: 안녕, 난 엘레나. 반가워.
L: 어디에서 왔어? / E: 한국.
E: 난 이제 짐을 풀어야 해서. / L: 쉬어.

E: 장을 좀 봐야지.
E: 제일 가까운 마트가 어디에 있어? / L: '메르카도나'라는, 큰 마트가 근처 있어.

126

L: 나가서 오른쪽으로 돌아서, 두 블록 가면 보여. / E: 고마워.
E: 장보기 목록을 만들어야지.

En el Supermercado 엔 엘 쑤뻬르메르까도

마트
E: 여기 채소가 있네.

128

Lista
목록

Cebolla
쎄보야
양파

Ajo
아호
마늘

Puerro
뿌에로
파

Fruta
프루따
과일

Huevos
우에보쓰
계란

Agua
아구아
물

Queso
께소
치즈

Carne
까르네
고기

Las naranjas tienen buena pinta.
라쓰 나랑하쓰 띠에넨 부에나 삔따

E: 오렌지가 좋아 보이네.

E: 정육 코너는 어디예요? / D: 더 안쪽이요. 같이 가시죠. / E: 감사합니다.

D: 여기예요.

E: 이제 계산해야지.

C: 봉투 드려요? / E: 네, 큰 거요.
C: 그러면 11.79유로입니다. / E: 카드로 지불할게요.
C: 기계에 대세요. / E: 와, 저렴하네!

[Expresiones útiles en la Caja del Supermercado
엑쓰쁘레시오네쓰 우띨레쓰 엔 라 까하 델 쑤뻬르메르까도]

¿Tienes carnet de socio?
띠에네쓰 까르넷 데 쏘씨오?

No. Deme el ticket, por favor.
노. 데메 엘 띠껫, 뽀르 파보르

Creo que me ha cobrado mal.
끄레오 께 메 아 꼬브라도 말

Un momento.
Voy a comprobarlo.
운 모멘또. 보이 아 꼼쁘로바를로

No ha aplicado descuento a este producto.
노 아 아쁠리까도 데스꾸엔또
아 에스떼 쁘로둑또

[마트 계산대에서 유용한 표현]
C: 회원카드 있나요? / E: 아니요. 영수증 주세요.
E: 계산이 잘못된 거 같아요. / C: 잠시만요. 확인할게요.
E: 이 제품에 할인이 적용 안 되었어요.

카페

E: 4월인데 아주 덥네.
R: 덥다!
R: 죄송합니다. 어! 너는...?

E: 안녕! 너도 바르셀로나에 왔구나. / R: 안녕! 응, 몇 주 정도 지내려고.
E: 여기 정말 덥다, 그지? / R: 정말 지옥같이 더운 날이다.

Me gustaría entrar en algún lugar que haga fresco.
메 구스따리아 엔뜨라르 엔 알군 루가르 께 아가 프레스꼬

Entonces, ¿por qué no vamos a un *Starbucks*?
엔똔쎄쓰, 뽀르 께 노 바모쓰 아 운 에스따르박쓰?

¡Qué bien!
께 비엔!

STARBUCKS COFFEE

Buenas.
부에나쓰

Póngame un café americano.
뽕가메 운 까페 아메리까노

¿Caliente o frío?
깔리엔떼 오 프리오?

Frío, por favor.
프리오, 뽀르 파보르

R: 시원한 데 들어가고 싶어. /
E: 그럼, 스타벅스 가는 거 어때? /
R: 좋아!
T: 안녕하세요. / E: 아메리카노 주세요.
T: 따뜻하게요 아니면 차갑게요? / E: 아이스요.

여행 Tip

유럽은 여름에도 따뜻한 커피를 먹습니다. 그래서 대부분 스페인 카페에는 아이스 커피 메뉴가 없습니다. "Café con hielo.(얼음과 커피)"라고 주문하면 따뜻한 커피와 얼음이 담긴 컵을 따로 줍니다.

T: 이름이 뭐예요? / **E:** 엘레나.

T: 2.4유로입니다.

T: 뭐로 드려요? / **R:** 자바칩 프라푸치노요.

T: 엘레나, 라울.

¡*Starbucks* también tiene terraza afuera!
에스따르박쓰 땀비엔 띠에네 떼라싸 아푸에라!

Sí, casi todos los restaurantes y bares tienen terraza en España.
씨, 까시 또도쓰 로쓰 레스따우란떼쓰 이 바레쓰 띠에넨 떼라싸 엔 에스빠냐

R: 스타벅스도 밖에 테라스가 있네! /
E: 맞아. 스페인에는 거의 모든 음식점과 바에 테라스가 있어.

여행 Tip

스페인 사람들은 식당과 카페에서 보내는 시간을 즐깁니다. 천천히 식사를 다 하고, 같은 곳에서 커피를 마시며 대화를 이어갑니다. 이를 'sobremesa(식후 식탁에서 보내는 시간)'라 합니다.

[카페에서 유용한 표현]
T: 중간 사이즈로 드려요? / **E:** 아니요, 톨사이즈요.
T: 진하게요 아니면 부드럽게요? / **E:** 진하게요.
T: 더 필요한 건요? / **R:** 당근케이크 한 조각 주세요.
T: 여기서 먹나요 아니면 가져가나요? / **R:** 여기요.

와이파이

R: 여기 와이파이 터지네? / E: 맞아, 스타벅스는 와이파이가 무료야.
R: 비밀번호 알아? / E: 아니, 물어보자.

R: 와이파이 비밀번호가 뭐예요? / T: 테라사(terraza)입니다.
R: 연결됐다! / E: 나도.

SNS(소셜 네트워크)

L: 안녕, 오늘 밤에 뭐 해? / E: 특별한 건 없어. /
L: 잘됐다! 유명한 플라멩코 바를 알고 있는데, 가고 싶어?

¿Quién es?
끼엔 에쓰?

Es mi compañera de piso.
에쓰 미 꼼빠녜라 데 삐소

¿Qué dice?
께 디쎄?

Me ha propuesto ir a un bar de flamenco esta noche.
메 아 쁘로뿌에스또 이르 아 운 바르 데 플라멩꼬 에스따 노체

¡Flamenco! Me encantaría ir.
플라멩꼬! 메 엔깐따리아 이르

Voy a preguntarle si puedes unirte.
보이 아 쁘레군따를레 씨 뿌에데쓰 우니르떼

꺅!

R: 누구야? / E: 내 룸메이트.
R: 뭐래? / E: 오늘 밤 플라멩코 바에 가자는데.
R: 플라멩코! 나도 가고 싶어. / E: 같이 가도 될지 물어볼게.

E: 내 친구랑 가도 돼? / L: 물론! 8시 반에 시작할 거야.
E: 알았어. / L: 8시에 '노체 알레그리아'로 와. / E: 응! 있다 봐.

E: 8시 반에 시작이래.
E: 우리는 8시에 보기로 했어. / **R:** 완전 좋아! 스페인에서 보는 플라멩코라니.

플라멩코 바

L: 안녕, 난 롤라. / R: 안녕, 난 라울. 반가워. / L: 들어가자.
L: 플라멩코 보면서 타파스랑 술을 먹을 수 있어. / R: 멋지다! / E: 좋다! 스페인에서 플라멩코.

R: 나 플라멩코 공연은 처음 봐. / E: 나는 한 번 본 적 있어.
L: 너희한테 좋은 추억이 됐으면 좋겠어.

[음료 & 타파스]

MENÚ

Bebidas 음료

Refrescos y Agua 탄산음료 및 물

Refrescos   1,80
탄산음료

Agua mineral o con gas   1,50
생수 또는 탄산수

Cervezas 맥주

Caña   1,30
작은 컵 (200㎖)

Doble   2,00
큰 컵 (330㎖)

Jarra   2,90
피쳐 (1ℓ)

Vinos 와인

Rosado (copa)   1,80
로즈 와인 (잔)

Rosado (botella)   8,00
로즈 와인 (병)

Rioja crianza (copa)   2,00
레드 와인 (잔)

Rioja crianza (botella)   10,00
레드 와인 (병)

Tinto de verano (jarra)   10,00
틴토 데 베라노 (피쳐)

Sangría (jarra)   10,00
상그리아 (피쳐)

R: 나는, 맥주 큰 거. / E: 나는, 작은 거. /
L: 좋아, 나는 틴토 데 베라노 피처로.
L: 오늘 내가 한 잔씩 살게. / E&R: 고마워!

여행 Tip

'tinto de verano(여름의 와인)'는 레드 와인에
탄산수, 레몬을 넣어 만듭니다. 상그리아보다
약해 간단하게 마시는 음료입니다.

R: 타파스! / E: 뭐로 하지? / L: 이 크로켓 괜찮아 보여.
R: 나는 빵에 연어 올라간 거. /
L: 그럼, 그거 두 개랑 감자 오믈렛 하나 시키자.

R: 누가 무대로 올라왔어. 곧 시작인가 봐.

일반적으로 플라멩코는 춤, 노래, 기타 연주로 무대를 구성합니다.

E: 무용수들이 정말 열정적이다. / R: 완전 빠져 들었어.
L: 내일 시간 있어? / E: 응, 왜?
L: 친구들과 해변에 가기로 했어. 너희들도 갈래? / E&R: 당연히 좋지!

해변

E: 해변이다! / R: 여기는 대다수 사람들이 수영보다 태닝을 하는 거 같아.

E: 맞아! 롤라는 어디 있지? / R: 저기 있다!

L: 안녕 애들아. / E: 다른 친구들은 어딨어?
L: 빠에야 가지러 식당에 갔어. / R: 빠에야를 가지러?

155

Sí, normalmente traemos la paella del restaurante cuando quedamos en la playa.
씨, 노르말멘떼 뜨라에모쓰 라 빠에야 델 레스따우란떼 꾸안도 께다모쓰 엔 라 쁠라야

¡Tengo ganas de probarla!
뗑고 가나쓰 데 쁘로바를라!

Está muy rica después de bañarse.
에스따 무이 리까 데스뿌에쓰 데 바냐르세

Voy a bañarme.
보이 아 바냐르메

¡Vamos juntos!
바모쓰 훈또씨!

L: 응, 보통 우리는 해변에서 놀 때 빠에야를 먹어. / E: 먹어보고 싶다!
L: 수영하고 나서 먹으면 정말 맛있어.
R: 수영하러 갈래. / E&L: 같이 가자!

L: 수영할 줄 알아? / R: 어릴 때 배웠어.
L: 빠에야를 가지고 온 것 같아. / R: 우리 먹으러 가자!

L: 고기 들어있는 거랑 채소만 있는 거 중에 뭐 먹을래? /
R: 나는 고기. / E: 나는 채소만 있는 거.
R: 빠에야 정말 맛있다! / E: 수영하고 먹으니 더 맛있는 듯.

F: 이제 햇빛 좀 쫴야지. /
E: 햇빛이 너무 강해. / R: 난 벌써 탔어.
M: 춤출래? / E: 못 추는데.
M: 스페인 하면 춤이지! 해봐!

여행 Tip

점심 후 저녁 전까지 잠을 자는
'시에스타(siesta)'라는 문화가 스페인에 있습니다.

159

E: 오늘 굉장했어! / F: 다음 주에 계획 있어?
E: 나는 가우디 작품 보러 갈 거야. / F: 가이드 해줄까?

E: 응! 그러면 고맙지! / F: 별말씀을. 화요일에 레알 광장에서 만나자.

Las Obras de Gaudí 라쓰 오브라쓰 데 가우디

가우디 작품

E: 안녕, 잘 지냈어? / **F:** 그럼.
R: 우리 왜 레알 광장에서 만났어? / **F:** 왜냐하면 여기도 가우디 작품이 있거든.

162

E: 그냥 광장 아냐? /
F: 응, 저 가로등이 가우디가 학생일 때 만든 작품이야.

[구엘 저택]
F: 이 건물은 구엘 저택이야. / **R:** 정말 엄청나다. /
F: 그리고 되게 높아.

여행 Tip

구엘(Güell)은 가우디(Gaudí)의
후원자였습니다.

[카사 바트요]
R: 이건 카사 바트요! / F: 바다를 형상화한 작품이야.

[La Casa Milá 라 까사 밀라]

[카사 밀라]
R: 파도치는 것 같아. / F: 맞아.

여행 Tip

'카사 밀라'는 가우디 작품의 특징을 보여주는 작품 중 하나로, '채석장'이란 별명이 있습니다.

[구엘 공원]
R: 신기하다! /
E: 화려한 모자이크 양식의 타일이야. /
F: 가우디는 자연을 중요하게 생각해.

여행 Tip

'구엘 공원'은 원래 부유층을 대상으로 한
전원도시였습니다. 하지만 분양에
실패하면서 공원으로 바뀌었습니다.

[사그라다 파밀리아]
F: 이건 가우디와 바르셀로나의 대표작이야.
E: 사그라다 파밀리아!

여행 Tip

'사그라다 파밀리아'는 아직 공사 중이며, 2026년에 완공할 예정입니다.

F: 맞아. / R: 엄청나다!
E&R: 바르셀로나랑 가우디가 너무 좋아!!!

가우디 작품은 자연, 곡선, 빛, 다양한 색의
타일, 모자이크 양식을 특징으로 합니다.

사그라다 파밀리아

구엘 공원

바르셀로나 대성당

[Expresiones útiles para Emociones 엑쓰쁘레시오네쓰 우띨레쓰 빠라 에모씨오네쓰 **]**

[Admiración 아드미라씨온]

[감정을 나타낼 때 유용한 표현]
[감탄]
대단하다! / 굉장해! / 훌륭해! / 완벽해! / 믿을 수가 없어!

172

[Bueno 부에노]

[좋음]
좋아! / 훌륭해! / 맘에 들어! / 멋진데! / 인상적이야!

[Regular 레굴라르]

[보통]

나쁘지 않아. / 그럭저럭. / 평범하네. / 보통.

[나쁨]
형편없다! / 싫어! / 우울해!

[최악]
끔찍해! / 세상에! / 신이시여!

175

부활절

E: 부활절 연휴에 뭐 할 거야? / L: 쉬려고.
E: 가게들도 다 문을 닫았어. / L: 응, 맞아.

No hay nada para hacer.
노 아이 나다 빠라 아쎄르

También los supermercados cierran. Por lo tanto, es necesario hacer la compra antes.
땀비엔 로쓰 쑤뻬르메르까도쓰 씨에란.
뽀르 로 딴또, 에쓰 네쎄사리오 아쎄르 라 꼼프라 안떼쓰

¡Ups! No la he hecho.
우쁘씨! 노 라 에 에초

E: 할 게 없어. /
L: 마트도 문을 닫아. 그래서, 미리 장을 봐야 해.
E: 헉! 사 놓은 게 없는데.

부활절 기간은 '성목요일, 성금요일, 부활절, 성월요일'로 공휴일입니다. 이때는 마트와 가게가 문을 닫으니 주의하세요.

L: 그럼, 같이 부활절을 보내자. / E: 좋아.
E: 이 기간에 특별한 음식이나 볼거리가 있어? / L: 가장 대표적으로 퍼레이드가 있어.

E: 아! 그래서 밖이 시끄럽구나. / L: 맞아!
E: 보러 가자!

부활절 퍼레이드로 가장 유명한 곳은
세비야지만, 바르셀로나도 그 규모가 큽니다.

L: 몇몇 지역에서는 성월요일에 '라 모나 데 파스쿠아'를 먹어. / E: 그게 뭐야?
L: 큰 도넛 모양이고, 위에 계란을 넣어.

180

[Festivales en España 페스띠발레쓰 엔 에스빠냐]

[스페인 축제]

[La Tomatina 라 또마띠나]

Tiene lugar cada año, el último miércoles de Agosto en Buñol (Valencia).
El festival comienza cuando alguien consigue alcanzar el jamón colgado en la parte superior de un poste engrasado que se encuentra en el medio de la plaza y empieza el lanzamiento de tomates.

[토마토 축제]

매년 8월 마지막 주 수요일, 부뇰(발렌시아 지방)에서 열리는 축제입니다. 광장 한가운데에 세워진 긴 장대 위에 매달린 햄을 누군가가 잡으면, 그때부터 토마토를 던지기 시작합니다.

[Sanfermines 싼페르미네쓰]

Este festival tiene lugar anualmente entre el 7 y el 14 de Julio en Pamplona (País Vasco) y se celebra en honor a San Fermín, el patrón de la ciudad.
Las actividades más famosas son los encierros y las corridas de toros, pero también tienen lugar a lo largo de la ciudad otras actividades religiosas y juegos tradicionales.

[소몰이 축제]

매년 7월 7~14일, 팜플로나(바스코 지방)에서 도시를 수호하는 성인 페르민(Fermin)을 기리는 종교 축제입니다. 다양한 행사와 전통 경기 등이 도시 전역에서 이어지는데, 소몰이(encierro)와 투우가 유명합니다.

쇼핑

E: 오늘 쇼핑해야지!

E: 롤라, 나랑 쇼핑 갈래? / **L:** 좋아, 기념품도 사야 하지 않아?

> Sí, me queda poco tiempo en España.
> 씨, 메 께다 뽀꼬 띠엠뽀 엔 에스빠냐

> Vale, te enseñaré los mejores sitios.
> 발레, 떼 엔세냐레 로쓰 메호레쓰 씨띠오쓰

> Hay muchas marcas famosas en España.
> 아이 무차쓰 마르까쓰 파모사쓰 엔 에스빠냐

> Sí, es buena idea comprar ropa aquí.
> 씨, 에쓰 부에나 이데아 꼼쁘라르 로빠 아끼

E: 맞아, 스페인에 머무를 날이 얼마 안 남았어. / **L:** 그래, 내가 괜찮은 곳 알려 줄게.
E: 스페인에는 유명한 브랜드가 많아. / **L:** 응, 여기서 옷을 사는 게 좋아.

Primero, vayamos allí.
쁘리메로, 바야모쓰 아지

Aquí es mucho más barato que Corea.
아끼 에쓰 무초 마쓰 바라또 께 꼬레아

¿Tiene una talla más pequeña?
띠에네 우나 따야 마쓰 뻬께냐?

Un momento.
운 모멘또

L: 일단, 여기 가보자.
E: 여기가 한국보다 더 싸다.
E: 더 작은 사이즈가 있나요? / **D:** 잠시만요.

D: 여기요.
E: 피팅룸은 어디예요? / D: 계산대 뒤쪽에 있어요.
D: 몇 벌 입으시죠? / E: 세 벌이요. / D: 네, 들어가세요.

C: 총 103.98유로입니다. / E: 여기요. 세금 환급을 받고 싶어요.
C: 네. 여기 거스름돈과 영수증입니다.

[La Lista de Compras en España 라 리스따 데 꼼쁘라쓰 엔 에스빠냐 **]**

[스페인 쇼핑 리스트]

Ropa de Marcas Internacionales
로빠 데 마르까쓰 인떼르나씨오날레쓰
(ZARA / MANGO / CAMPER)
글로벌 의류 브랜드 (자라/망고/캠퍼)

Aceitunas
아쎄이뚜나쓰
올리브

Té de Manzanilla con Miel
떼 데 만싸니야 꼰 미엘
꿀국화차

Artículos de Fútbol
아르띠꿀로쓰 데 푸뜨볼
축구 관련 상품

No sé qué suvenires comprar.
노 쎄 께 쑤베니레쓰 꼼쁘라르

Te recomiendo aceitunas o vino.
떼 레꼬미엔도 아쎄이뚜나쓰 오 비노

E: 기념품으로 뭘 살지 모르겠어. / **L:** 올리브나 와인을 추천해.

[쇼핑에 유용한 표현]
D: 필요한 거 있으세요? / R: 아니요, 그냥 보는 중이에요.
E: 나 어때? / L: 정말 잘 어울려.
C: 일시불이나 할부 중 어떻게 지불하시겠어요? / F: 일시불로 할게요.

[Los Cosméticos 로쓰 꼬스메띠꼬쓰]
[화장품]

Tónico
또니꼬
스킨

Loción
로씨온
로션

Crema Solar
끄레마 쏠라르
선크림

Polvos Compactos
뽈보쓰 꼼팍또스
콤팩트 파우더

Pintalabios
삔딸라비오쓰
립스틱

Rimel
리멜
마스카라

Pintauñas
삔따우냐쓰
매니큐어

[Los Zapatos 로쓰 싸빠또스]
[신발]

Zapatos
싸빠또쓰
구두

Zapatillas Deportivas
싸빠띠야쓰 데뽀르띠바쓰
운동화

Mocasines
모까시네쓰
단화

Chancletas
찬끌레따쓰
슬리퍼

Sandalias
싼달리아쓰
샌들

Tacones
따꼬네쓰
하이힐

Botas
보따쓰
부츠

[Las Tallas de Zapatos 라쓰 따야쓰 데 싸빠또스]
[신발 사이즈]

Masculino 마스꿀리노 남자

Corea 한국	250	255	260	265	270	275	280	285
España 스페인	40	40.5	41	41.5	42	42.5	43	43.5

Femenino 페메니노 여자

Corea 한국	220	225	230	235	240	245	250	255
España 스페인	36	36.5	37	37.5	38	38.5	39	39.5

약국

E: 너무 걸었더니 발 아파. / **L:** 괜찮아?
E: 반창고를 사야겠어. / **L:** 약국 가자!

Medicina para el resfriado
메디씨나 빠라 엘 레스프리아도
감기약

Paracetamol
빠라쎄따몰
해열제

Analgésico
아날헤시꼬
진통제

Digestivo
디헤스띠보
소화제

Pastillas para
el dolor de cabeza
빠스띠야쓰 빠라
엘 돌로르 데 까베싸
두통약

Pastillas contra
el mareo
빠스띠야스 꼰뜨라
엘 마레오
멀미약

Pomada
뽀마다
연고

Antiséptico
안띠셉띠꼬
소독약

Compresa,
Tampón
꼼쁘레사, 땀뽄
생리대, 탐폰

F: 어디가 아프세요? / E: 반창고 주세요.

191

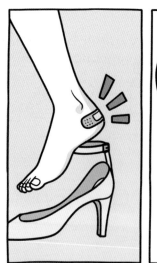

L: 걸을 수 있겠어? / E: 괜찮아, 근데 피곤하다.
L: 집에 돌아갈까? / E: 응, 네 덕분에 쇼핑 잘했어.

192

[**약국에서 유용한 표현**]

F: 어디가 아프세요?

E: 머리가 아파요. / 배가 아파요. / 목이 아파요. / 생리통이에요.

F: 어떻게 아프세요?
E: 감기 걸렸어요. / 기침이 나요. / 열이 나요. / 벌레에 물렸어요.

저녁 초대

L: 애들아 안녕. / **R:** 안녕! / **E:** 안녕!
L: 이번 주말에 계획이 있어? / **E:** 아니. 특별히 없어.

Mis padres os quieren invitar a cenar. ¿Os gustaría?
미쓰 빠드레쓰 오쓰 끼에렌 인비따르 안 쎄나르.
오쓰 구스따리아?

Lola

¡Claro! Me encantaría.
끌라로! 메 엔깐따리아

Raúl

A mí también.
아 미 땀비엔

Elena

Vale. Quedamos a las 8 en mi casa.
발레. 께다모쓰 아 라쓰 오초 엔 미 까사

Lola

L: 부모님이 너희들을 저녁 식사에 초대하고 싶다는데. 괜찮아? /
R: 당연하지! 나는 좋아. / E: 나도.
L: 그래. 8시 우리 집에서 만나.

M: 환영한다. / E&R: 안녕하세요! 초대해 주셔서 감사합니다.
L: 너희들 벌써 도착했어? / M: 집을 좀 소개해주렴.

L: 이곳은 내 방이야.
L: 여기는 거실. / R: 무척 크고 현대적이다.

L: 여기 테라스가 있어. / E: 이 장소 마음에 든다. / R: 편안해지는 듯.
L: 보통 주말마다 여기서 식사를 해.

M: 저녁 준비 다 됐다.
E&R: 잘 먹겠습니다!

[Expresiones útiles durante la Comida 엑쓰쁘레시오네쓰 우띨레쓰 두란떼 라 꼬미다 **]**

[식사할 때 유용한 표현]
R: 소금 좀 주실래요? / P: 여기요.
L: 더 먹어. / E: 아냐, 배불러서.

202

R: 맛있네요! 이거 뭐라고 해요? / M: 감자 오믈렛이요.
R: 포크가 떨어졌어. 하나 더 줄 수 있어? / L: 그럼, 바로 가져다줄게.

작별 인사

P: 스페인에서 생활은 어때? /

E: 저는 좋아요. 모두들 친절해요. / **R:** 저는 스페인이 정말 좋아요. 날씨도 좋고.

E: 싫은 건 여기 지낼 날이 얼마 안 남았다는 거예요.
M: 한국에 언제 돌아가니? / E: 모레요. / R: 저는 안달루시아로 가요.

L: 멋지다! / E: 부럽다.
M: 공항은 적어도 탑승 2시간 전에 도착해야 해. 알지? / E: 네, 그럼요.

E: 저녁 식사 정말 감사합니다. / P: 여기서 남은 시간 즐겁게 보내.
R: 다음에 또 뵐 수 있었으면 좋겠어요.

E: 안녕, 롤라. / L: 벌써 너희가 그리워진다. 안녕!

공항 카운터
E: 벌써 한 달이 지나갔다니 믿기지 않아.
R: 어느 항공사 타고 가? / E: 대한항공. 카운터가 저기 있다.

여행 Tip

E: 체크인할게요.
A: 여권 보여 주시겠어요? / E: 여기요.
A: 창가나 복도 중 어떤 자리로 드려요? /
E: 창가로 주세요.

비행기의 '비상구 좌석(el asiento de emergencia)'은 다른 곳보다 더 넓은 대신 응급 상황에 승무원을 도와야 합니다. 그래서 항공권 체크인할 때, 영어나 스페인어가 가능한지 물어보기도 합니다.

A: 부칠 짐 있나요? / E: 네, 여기요.
A: 이쪽으로 올려주세요.

El avión a Seúl sale a las 10 de la noche.
La puerta de embarque es la 32B.
엘 아비온 아 쎄울 쌀레 아 라쓰 디에쓰 데 라 노체.
라 뿌에르따 데 엠바르께 에쓰 라 뜨레인따 이 도쓰 베

Debe embarcar 30 minutos
antes de la hora de salida.
데베 엠바르까르 뜨레인따 미누또쓰 안떼쓰
데 라 오라 데 쌀리다

A: 밤 10시에 떠나는 서울행 비행기입니다. 탑승구는 32B입니다.
A: 탑승 마감 30분 전까지 오셔야 합니다.

보안 검색대

S: 액체류를 가지고 있나요? / **E:** 네, 그런데 전부 100㎖ 이하예요.
S: 가셔도 됩니다.

Saque todos los dispositivos electrónicos de la maleta.
싸께 또도쓰 로쓰 디스뽀시띠보쓰
엘렉뜨로니꼬쓰 데 라 말레따

Quítese la chaqueta y el cinturón.
끼떼세 라 차께따 이 엘 씬뚜론

Tire las bebidas.
띠레 라쓰 베비다쓰

[보안 검색대에서 유용한 표현]
S: 전자제품은 가방에서 다 꺼내세요.
S: 겉옷과 허리띠 다 벗으세요.
S: 음료는 버리세요.

214

¡Adiós, España! 아디오쓰, 에스빠냐!

이젠 안녕, 스페인!
E: 이제 헤어져야 하네. / **R:** 그래, 좋은 비행 되길 바라.
E: 고마워, 여행 잘해. / **R:** 한국에서 연락할게.

215

E: 안녕, 스페인!